JN409046

영원한 생명

장 봉 화 제2시집

시와사람

장봉화 시집

영원한 생명

2022년 6월 25일 인쇄
2022년 6월 30일 발행

지은이 | 장 봉 화
펴낸이 | 강 경 호
인쇄·기획 | 도서출판 시와사람
등 록 | 1994년 6월 10일 제 05-01-0155호
주 소 | 광주시 동구 양림로119번길 21-1(학동)
전 화 | (062)224-5319
팩 스 | (062)225-5319
E-mail | jcapoet@hanmail.net

ISBN 978-89-5665-630-4 03810

값 10,000원

* 이 책은 동화건업((주) 대표 김기동)의 기부금과 광주문화재단
기부금 매칭 지원금으로 발간되었으며
판매액 전액을 천주교 광주대교구 사회복지회를 통하여
가난한 사람들을 위하여 쓰입니다.

영원한 생명

시인의 말

무지개가 아름다운 건
각기 다른 빛깔로 하나가 되는
색의 조화로움 때문이지요
배움과 가르침도 하나이니
평생 학습자로 살아간다는 것이 즐겁습니다

시 속에서 길을 잃고 방황하던
자신을 만나기도 하고
어디로 가야 할지 방향을 찾기도 합니다
지친 나에게 위안을 주고
앞으로 나아갈 동기와 힘을 주는
짧지만 긴 여운의 시를 생각해요

「진리는 나의 빛이다」
하느님께서 말씀하셨습니다
하나는 모두를 위하여,
모두는 하나를 위하여
믿음과 배려로 함께 하면 평화에 다다르니
더불어 사랑하는 것이 그중 으뜸이지요

2022. 6.
장봉화

차례

2 봄이 오는 길

3 영원한 생명

4 드러내지 않는 존재감

1

과거라는 그때

삶이란 무엇인가
곰곰이 생각에 잠겼는데
달걀 장수가 지나가면서
삶은 달걀이요
삶은 달걀이요 외친다
-「삶은 달걀?」 중 일부

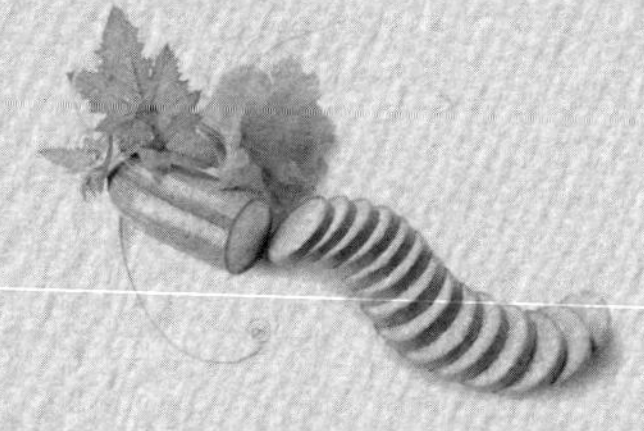

까치집

까치 부부가 아이들을 위해 집을 짓는다

대충 얼기설기 지은 집이 아니다
자연에서 지혜를 얻은 집
그렇게 정다울 수가 없다

길이와 굵기가 비슷한 나뭇가지로 쌓은 것
문도 창도 없이 덩그러니 방 하나
하늘을 지붕 삼고 구름을 이불 삼는다

두 채의 집을 쓰는 까치는 없다
여러 채를 가지고 세놓는 까치도 없다

사람보다 더 많이 사랑할 줄 알고
사람보다 더 잘 듣고 있다
자연이 소곤대는 소리를 노래를 이야기를

집이 까치를 위해서 있는 것이지
까치가 집을 위해서 사는 것은 아니다

예감이라는 두 단어

아침 햇살을 마주하는 순간 마음이 설렌다
복수초가 혹한의 동토에서 솟아나오고
3년 만에 파피오패딜럼* 꽃눈이 부풀더니
눈부시게 피어나는 자태
봄이 내 느낌 안으로 들어온다
그들이 말을 걸어온다
알아들으려면 몸을 낮추어 귀를 기울이세요
눈앞에 다가가니 오히려 담담하다
뇌리에 전광석화와 같은 것이 스쳐간다
글 쓰는 이는 글 속의 예감叡感이 시대보다 먼저 아픈 자다
표현은 느낀 것과 언제나 똑같지는 않은 법이라
나이 듦과 기억, 그리고 회한을 정교하게 사유한다
기억은 희미해져도 익을수록 생을 행복으로 이끈다
새로운 생각이 부화하고 성장하여
딱딱한 것이 물렁해지는 날을 예감豫感한다

*파피오패딜럼 : 고상하고 은은한 향을 가진 서양란

삶은 달걀?

삶이란 무엇인가
곰곰이 생각에 잠겼는데
달걀 장수가 지나가면서
삶은 달걀이요
삶은 달걀이요 외친다

아, 삶이란 달걀이구나
삶은 달걀이니까 조심해서 껍데기를 까야 해
구운 소금에 찍어 먹으면 별미로 꼽히지
물이랑 같이 먹어야 해
늘 위태로운 존재야
달걀에도 뼈가 있어

생각은 또 다른 생각을 낳고 또 낳았어요
그 어떤 누구도 나의 삶에 관여할 수 없다
사람다운 삶을 누리고 싶다
내 삶은, 빛과 같은 존재다

삶이란 달걀이다
잘못하면 깨지고

품어주면 병아리가 나오고
그 병아리가 자라 달걀을 낳고, 그러니
과연 삶은 달걀이지

매미 허물

만남과 이별을 반복하며 살아요
셀 수 없이 많은 만남과 헤어짐을 경험하여도
마지막 이별만은 아프고도 절망적이지요

땅속에서 6년 동안 애벌레로 살다가
땅위로 올라와 껍데기를 벗고 어른이 되어
'맴맴 쓰르르 맴맴 쓰르르'
수컷이 사랑의 세레나데를 불러대지요
수컷은 암컷과 짝짓기를 한 뒤 죽고
암컷은 알을 낳고 죽지요

허물을 벗으면 얼마나 시원했을까요
허물을 벗는 건 한순간이지만
허물 속의 삶이 얼마나 힘들었을까요
같은 허물 속에서 꾸물거리더라도
저마다 비슷한 허물을 하고 있어도
그 속에서 상상하는 미래는 다르겠지요
신비하고 즐거운 일일지
지루함도 기대와 상상으로 버텨낼 수 있을는지

나는 지금 허물을 벗은 것인가, 아니면 아직 벗기 전인가

허겁지겁 일상에 쫓기어 죽음을 잊은 채 살아가다가
어느 날 갑자기 이별을 맞이하죠
어느 누구도 예외는 없지요
어디서 어떻게 마지막을 맞을 것인가만 있을 뿐

뜨거운 눈물

706번 707번 선수들이 오고 있네요
땡그랑 땡그랑 종소리가 울리고 함성이 터져 나옵니다

시각장애인 경태 씨와 도우미로 함께 뛰는 기석 씨
오 년 전 중국 고비사막 마라톤에서 첫 인연 맺어
배낭에 연결된 생명줄로 한 몸 되었어요

이미 세계 4대 극한마라톤을 완주한 장애인 최초 그랜드슬래머

웅장함에 겸허하게 숙연해지는 그랜드캐니언
사막뿐 아니라 숲길 개천 자갈밭 돌길 협곡지대
절벽에다 선인장까지 땅속 곳곳이 박혀있으니
구간마다 제한 시간 지키지 못하면 실격 처리 되지요

하루 평균 열두 시간의 강행군에
삼분의 일이 중도에 포기한 상태지만
서른 네 시간 동안 70㎞를 밤새워 걷는 죽음의 날도 끝냈습니다

뜨겁게 포옹하는 두 사람의 눈에서
보이는 것은 뜨거운 눈물이네

과거라는 그때

변화는 과거를 바탕으로 일어나네
김이 무럭무럭 솟아나는 오일장의 구수한 국밥 냄새를
코에 담아 허기진 배를 움켜 잡고 먼 길 걸어오던
아련한 향수가 아지랑이처럼 피어오른다
삶이란 과거의 경험이 그냥 지나간 것이 아니라
현재와 끊임없는 대화하는 것
굳어진 게 아니라 계속 태어나는 것
봄날 산에서 마른 솔잎을 긁으며 다른 사람보다
눈을 더 크게 뜨고 갈퀴질의 속도를 높였지
역사에는 만약이 없다고 하는데
우리의 개인사도 마찬가지니
조상의 공과 업이 지금도 나의
뼈와 살과 핏속에 연연히 흘러가고 있다
군대용 국방색 천막 교실 한쪽의 낡은 풍금과 교탁의
회초리
등에 맨 책보자기와 검정 고무신을
아름답게 기억하고 의미를 두면 또렷해지느니
산다는 것은 세상의 오감을 느끼는 것이다
아득한 과거 속으로 둥둥 떠가는 듯하고
이제부터 다시 꽃 피우려니 가슴이 뛴다

앞으로 펼쳐질 세상을 놓치지 않기 위해 신발 끈을 묶는다
비로소 시간은 영원한 현재로 장엄하게 피어난다
좋았던 일, 어려웠던 과거는 추억으로 살아남아
오늘도 내 인생 최고의 행복을 구가한다

가까이 혹은 멀리

거울을 바라볼 때
너무 가까이도 너무 멀리도 곤란하다
무엇이든 적당한 간격이 있는 법이니
조금 불안하다 싶으면 시선이 당당할 때까지 바라보라

거울에 따라 모습이 다르고
보는 각도에 따라 다른 상이 보이며
안경의 색에 따라 다른 색깔로 보이느니

칠흑 같은 안개 속을 걸어가도 언젠가 끝이 나온다
어두운 마음에 불을 켜고 담담히 걸어간다
밤이 지나면 아침이 오는 것처럼
그저 나의 길을 걷는 것일 뿐

밝음과 어두움, 비틀어 보지 않아도 있는 그대로
다가올 아픔이 있을지라도 미리 걱정하지 않고
오늘을 감사히 살아간다
어떤 일이 생겨도 그냥 지나가리라

너무 가까이도 말고 너무 멀리도 말고
적당한 간격에서

나무 이파리의 집

복잡한 인간 사회 집 문제로 말들 많죠

바람 소리가 드세진 산자락
이파리들 딱따그르르 떨리는 소리에도 곤충들 사회에선 스스로 집을 짓고 살아가는 애벌레가 있어요

황벽黃蘗나무 잎에다 다닥다닥 붙어 지은 대왕팔랑나비 애벌레의 집들이 빌라촌 같아요

자기가 먹는 잎을 풀로 붙이듯이 종 모양으로 집을 만들지요
비도 피하고 천적도 피하고 음식까지 여기에서 얻으니 살만하고 좋아요

땅값을 내지 않고 집세를 내지 않고 밥값도 내지 않아요 자연은 모두가 공짜랍니다

땅에 관해서는 집에 관해서는 자연에 답이 있지 않나요

방향이 확실하면

좋은 방향으로 나아간다는 믿음으로 살아가지요
새들의 노래 향기로운 꽃내음
언제든 좋은 모습으로 바뀔 수 있다는 신념으로

달리기만 한다면 제어력이 떨어지니
속도라는 허망 속에 소중한 것을 놓치기 쉬운 법
삶은 속도가 아니라 방향이어라

느린 춤으로 꿀의 위치를 알려주는 꿀벌처럼
진리는 상하좌우 동서남북에 가득 차 있고
소중한 것들과 마주하는 순간 다시 태어나지요

시간은 아무런 문제가 되지 않아요
참 나를 보고 싶어 열정 어린 땀이면
날마다 새롭게 또 새로이 태어난다네

운명을 개척하는 것은 바로 자신이니
일상에서 벗어나 가야 할 방향으로
멈추어 서서 내면의 소리를 들으라 하네

방향이 확실하면 삶이 분명해지니까요

몽상

환하다 따뜻하다 눈부시다
부피를 가지지 않는 빛이
만나는 것을 무엇으로 만들어주는 놀라움

산에 가면 숲을
강에 들어가선 강물을
바위에는 태고의 침묵을 빚어낸다

이런 날, 이리저리 이끌리다가
도道란 무엇일까
얼치기 도사 흉내라도 내볼까

그걸 찾으러 돌아다니는 중인데
부스럭거리는 건 낙엽이었다
정확하게 나를 겨냥하여 오는 것 같다

게 섰거라, 시방 어디에서 뭘 찾아 헤매느냐

달려라 은총아

여섯 가지 희귀난치병을 지닌 채 태어난 은총이

뇌가 서서히 마비되어 돌처럼 굳어가고
다리 한쪽이 굵어지고 길어지며
생소한 증후군들에 뇌병변까지

일 년을 채 넘기기 어려울 것이라 해도
희망을 버리지 않았다
말을 하지 못하고 걷지 못할 것이라
생후 십칠 개월 만에 뇌의 절반을 제거하는 수술을 받았다

누워만 있던 아이가 오 년 만에 걸었다
여섯 살 때 어설프게 엄마 부르고
한 손으로 작동시켜 컴퓨터로 뽀로로 만화 보고
학교에도 다닐 수 있게 되었다

아빠는 철인 3종 경기에 출전해
아들과 함께 뛰고 헤엄치고 달려서
다섯 번 도전 끝에 완주증과 메달을 받았다

난치병 아이들을 돕기 위해
은총이네는 오늘도 힘차게 달린다

구석에 묻혀 있다가

- 싱 어게인(sing again)

구석에 묻혀 있다가 때가 오기를 기다리던 전문가들이 세상 빛을 받은 사람들과 같은 곳에 모였다

세상이 알아보지 못한 실력자나 한 때 잘 나갔지만 비운의 가수 등, 대중 앞에 다시 세우는 부활의 성전이다

현대인이 가지고 있는 늑대의 고독함이나 짝 잃은 귀촉도 같은 처연함이 있어 조용히 귀를 기울이게 한다

자기만의 옷과 헤어스타일에 잔잔하다가 장엄한 파도가 일고 엄청난 연기와 춤을 덧붙이면서 자기만의 소리로 대중의 이야기를 쏟아내고 있다

어떤 절망적인 상황에도 위로를 느낀다, 가수보다 심사자가 긴장하며 함께 눈물 흘리고 안타깝다, 관객도 함께 울고 땀을 쥐며 감동한다

갖가지 사연과 상관없이 바라는 것은 동정 어린 시선을 거둬들이고 가수로서 인정해 주는 것이다, 속 깊은 이해

로 아름다운 시에 공감하는 것처럼

싱 어게인(sing again), 다시 노래를 부른다, 구석에 묻혀 있다가 세상에 나와서 환호와 갈채 받아도 창틈으로 새어 나오는 빛이 그립다

웅장한 맛 독특한 맛

- 가인이어라

전라도에서 탑 찍어 불고 서울에서 탑 찍으러 온 가인이어라

한 많은 대동강, 단장의 미아리 고개, 용두산 엘레지는
한을 담은 삶의 소산
적절한 추임새와 정교한 시김새*를 가미하여
깊고 웅장한 맛을
그만의 더늠*으로 독특한 맛을 뽑아낸다

진도 아리랑이 그러하듯 망설이지 않고
어머니를 무녀라고 자랑스럽게 소개했다
한을 내뿜으면서 흥을 잃지 않으며
동정을 얻으려 하지 않고
연민의 대상이 되는 것을 뿌리친다

직접 들으면 음악 본연의 맛이 나는 법이라
몇몇 축제에서 눈 빠지게 기다려 노랠 들으니
시간 가는 줄 모르고 치유를 느낀다

전라도 사투리를 적절히 터뜨리면
전라도말의 구수한 맛을 느끼게 한다

세월이라는 풍파는 사람을 쥐어짜버리고
독특한 무기 없인 흔들리는 법이니
나만의 소중함을 가꾸고 자신감을 가지면

팬들의 사랑을 영원무궁 받으리라
트로트 역사 한 페이지를 장식하리라

* 시김새 : 국악에서 주된 음의 앞과 뒤에서 꾸며주는 꾸밈음
* 더늠 : 명창들이 사설과 음악을 독특하게 새로 짜서 자신의 장기로 부르는 대목

아버지의 얼굴

겨울 한 복판
세상에 가장 무거운 짐을 짊어진 아버지

한겨울 체감 영하 30도를 넘나드는
진부령과 미시령 사이에서
겨울이 찾아오면 활기가 넘친다
가난했던 시절부터 가족만을 위해 살아온 분이
희망이자 삶의 원동력인 황태 덕장에
혹한은 다시 찾아오고 덕장 한가운데를 걸어간다

황태 인생 육십여 년 황태 없인 못살아
코끝이 떨어져 나갈 만큼의 강한 추위에도
새벽같이 나가 명태를 걸어
온종일 마스크와 털모자가 대기 중이고
작업복과 장갑은 늘 성치 않은 모습이다
가족을 지탱한 세월과 사랑이 묻어난다

가업 잇는 아들 보면 가슴이 쓰리다
그 길을 묵묵히 따라 준 아들 생각에
겨울은 아버지의 삶이 아니었을까

덕장에는 자식들을 위해 살아온
이 시대 아버지 얼굴이 담겨있었다

반복의 기적

단순한 활동을 반복하면 지루하지만
의미를 알면 기적이 일어나요

아이는 수천 번 넘어지다가 일어서고 걷고
자전거를 굴릴 수 있지요
단순한 관계를 헤아릴 수 없는 반복으로
학습하는 것이니 충분한 시간을 주어야지요

'모든 일이 잘 될 거야'
이해한 후 복습하면 공부는 참 쉬어요
같은 동작 반복 많으면 어렵지 않게 춤을 추고
부드러운 선 비슷한 색 반복하면 그림도 리듬감이 살아나지요

쿵작쿵작 반복되는 박자감 즐거운 여행 연상시키고
유명한 교향곡도 처음부터 끝까지 반복되는 주조음
같은 멜로디 반복되는 가운데 악기가 하나씩 더해 가면
감정은 고조하고 애잔함과 허전함이 강하게 묻어나지요

반복적인 수련으로 심신을 강화하고

반복하여 연습하면 몸은 무의식적으로 반응해요
쇠를 수십 번 빨갛게 구웠다가 찬물에 담가 식히는 것처럼
고난이 클수록 성취감은 커지고 희망은 더 선명해지느니

날씨는 맑음과 비 갬과 흐림 반복하고
개인 생사 부침해도 사회 성쇠 반복하며 생명체로 존속하니
진실이란 이름으로 가려진 신기루 같은 허상도
나이 들면 깨달으니 인생이란 미로 학습 반복이구나

역사는 발전과 퇴보가 반복하며 나아가는 것
인생은 탄생과 죽음이 반복하며 세대를 이어가니
원리를 알면 두려울 것도 없고 후회할 일도 없으리라
신념의 씨앗 잉태하면 반복은 범인을 천재로 만드니까요

괜찮아요(It's okay)

어메리카 갓 탤런트*에서
제인 마르크제이스키

폐와 간 척수에 전이 진단을 받고
암 투병중입니다

미안해요 괜찮으십니까
괜찮아요

갈 길을 잃었는가
괜찮아요
때론 갈 길을 잃어도
괜찮아요

물이 깊은 곳으로 저를 따라오세요
그리고 헤엄쳐 보세요

제 생존 확률은 2%입니다
2%는 0%가 아닙니다
이것은 대단한 것입니다

사람들이 이것을 알았으면 합니다

다시 숨 쉴 수 있을까요
생존률이 2%인가요

인생이 쉬어질 때까지 기다릴 순 없습니다
절망하고 낙심하기에는 너무 이릅니다

*어메리카 갓 탤런트 : 미국 NBC 오디션 프로

달빛도 어찌나 깨끗한지

아버지 가신 날 밤 얼레달이 밝았다
두견새가 울어예는 처량한 밤이었다

평소 잘 싸우시던 어머니
삭망에는 메와 탕을 올리고 곡을 하셨다
달이 밝은 밤에는 이런 말씀 안 했을까
'오늘같이 달 밝은 날 당신이 내 곁에 있었으면 오죽이나 좋겠습니까'

노송의 휘굽은 가지에 얽힌 달을 바라보며
이렁성저렁성 지내는 동안 한 달이 가고 해가 바뀌어
탈상이 지난 후에야 안정을 찾은 것 같았다

달은 지구 주위를 빙글빙글 돌고
지구는 태양을 빙빙 돌고 돌아
서른다섯 해 동안 그리워하시다가
가신 날 밤 사흘 전에 따라가셨다

부모님 영정을 방에 걸고 조석으로 문안 인사드린다
아버지의 얼굴엔 달의 분화구 같은 수심이 뒤덮여 있다

그 냉염한 달이 오래오래 우러르며 문틈으로 들어온다
청정법계라 달빛도 어찌나 깨끗한지 천지간에 티끌 한 점이 없다

문을 이렇게 열어두었어요
일 년 열두 달 문이 닫힐 때가 없어요

소곤소곤 가로등

아버지는 새벽별과 함께 일터로 나가
저녁별과 함께 돌아오셨어요
하늘에 총총 박힌 별이 쏟아질 듯 하였지요

금성도 북극성도 어디에 숨어 있는지
그리움이 사무치네요

거리엔 가로등이 하나둘 밝혀져요
까만 하늘 송송히 박힌 별들이
소곤소곤 이야기를 나누었는데
가로등과 네온등이 화려한 빛깔로 가득하네요

가로등은 날로날로 진화하고
코비드19가 나를 방에 콕 잡아놓아도
어쩌다 외출하고 돌아올 때면
가로등이 별을 대신하여
열렬히 환영하네요

나 또한 진화를 멈추지 않아
어린애처럼 꿈을 꾸고 있어요, 시 때문에

2

봄이 오는 길

열이 나면 치료하듯
문제 생기면 회전문 아닌
다른 문을 찾아야 한다
자연의 흐름이 막히지 않게
이 세상을 제대로 살고 싶으면
-「회전문 대신에」 중 일부

봄이 오는 길

천하의 생기가 모여 휘돌다가
천지사방으로 일제히 퍼지고 있는 듯하다
자연에는 순서가 있었다
매화는 활짝 피어 벌들을 불러들이고
아직 목련은 두근거리는 꽃봉오리 상태다
휘황한 매화 아래서 어른들의 담소가 정겹다
나도 머리가 점점 할매가 되어가네
왜 이리 흰 거요
동백보다 더 붉은 옷에 숱 많은 노인은
참으로 고운 어린 공주 같으시다
봄마다 매화만 보면 마음이 푸근해진다며
빙그레 웃는 얼굴에 그 비결이 슬쩍 드러나는가
세상의 깊이는 깊은 곳에 있지 않다
바로 눈앞에 숨어 있다
달래와 냉이와 쑴바귀가 올라오고
봄 내음 물씬하고
어른의 땀방울 배인 여기가 바로 그곳

고드름 끝에도

수정처럼 예쁜 고드름으로
아주 긴 것으론 칼싸움을 하고
과자처럼 깨물어 먹었어요
계절은 어김없어 겨울이 오면
달빛이 고드름에 머물렀어요

땅속에서 솟아난 고드름도 있으니
정성스런 기도가 만들었다네
중력의 이치를 벗어난 듯한 역고드름
순리를 벗어난 것이 아니라 자연에서 생긴 현상이네

고드름과 역고드름의 완벽한 조화가
유리성을 바라보는 것 같아요
밤이 깜깜할수록 반드시 새벽이 오듯
눈이 올 때 봄도 같이 오고
눈 덮인 가지에 부풀은 꽃눈과 잎눈에
고드름 끝에도 숨은 봄이 보이니
어떠한 추위에도 봄을 느끼네

빗방울을 읽다

빗방울은 비가 되어 떨어지는 물방울

발이 없어도 시내와 강을 따라 바다로 흘러간 후
대기 중에 떠돌다가 구름이 되고
땅속에 스며들어 풀과 꽃 갈증도 채워주네

이따금 잠 깬 새들이 깃을 치며 날아오를 때
가지 끝에 매달려 있던 이슬이 쏟아져 내린다
소나무와 고개 숙인 풀잎에
명주 실오라기 같은 햇살이 걸쳐져 있다
손이 없어도 멋진 그림 그리는 화가이네요

나무의 수관 따라 수십 미터 오르기도 하고
수증기가 되는 데는 며칠에서 몇 주까지
호수나 강 바다의 밑바닥에서는 몇천 년이 걸린다네
지금 빗방울 중에는 태곳적에 내린 것이 있을지도 모른다
죽음도 끝도 없이 영원히 순환하는 것 그래야만 하는 것
엄청난 큰일 하고도 자기를 내세우지 않아요

연잎에 구르는 빗방울 지켜보면

두멍*에 참방참방 빗방울 내리는 소리 들린다
드무*에 첨벙첨벙 빗방울 돋는 소리 들린다

＊두멍 : 물을 길어 담아 놓고 쓰는 큰 가마나 독
＊드무 : 화재를 막기 위해 물을 담아 놓는 솥 모양의 용기

우포늪에서

한반도와 함께 태어난 태고의 신비
소의 목처럼 생긴 우포늪
자연이 만들어낸 최대의 내륙 습지여라
기러기 고니 노랑부리저어새 원앙 흰꼬리수리들이
찾아와 둥둥 떠다니는 드넓은 마음의 쉼터엔
왕버들 생이가래 가시연꽃이 어울리고
물안개가 피어오르는 가을날 바람이 그 뒤를 따라간다
해를 먹은 아침 풍경이 경쟁하고 있다
이제 물을 끓이고 있나 보다
하늘인지 물인지 분간이 안 된다
안개 낀 호수에 뱃사공이 떴다
밀집모자 쓰고 장대를 저어 천천히 나아간다
4개 면의 소가 다 모여 풀을 뜯던 곳
아버지가 가던 그 길을 이제는 아들이 따라간다
어머니가 밥을 이고 나와서 길가 풀밭에서 먹었지
한 시간 두 시간씩 기다리면서 많이 먹었지 매일 먹었지
옛 기억은 고스란히 함께 나눈 추억이 되고
오늘은 늪에 기대어 또 하루를 산다
안개 속에서 존재감을 드러내는
은은한 물안개와 아름다운 일출의 대향연

보고도 믿어지지 않는 환상적인 우포늪
소리 없는 감탄이 호수를 건넌다

돌단풍을 보면서

물 한 방울 없는
바위와 절벽 돌 틈에 뿌리를 내려
앙증맞은 하얀 꽃을 먼저 피우고
어린아이 손바닥 같은 잎을 틔운다

기암괴석을 초록으로 뒤덮는
끈기와 인내 생명력*이 어우러진
차원이 다른 나만의 자태

나무도 아닌 것이, 가지도 없는 것이
빨갛게 물드는 저 돌들

희망*은 어디에서 나오는가
혼을 온통 빼앗아 가면서

* 생명력·희망 : 돌단풍의 꽃말

동강할미꽃

동강을 병풍처럼 둘러싼 수직 절벽에
보랏빛 연정이 한창이다

손녀의 집 앞에서 쓰러져 죽은 전설에
흰 털 덮인 열매 덩어리가 흰머리 같은 보통 할미꽃
슬픈 듯 수줍은 듯 고개 숙이나

앙증스러운 작은 이파리
윗면은 빛나는 광채 아랫면은 진한 녹색
잔털에 둘러싸인 자태는 하늘의 선녀
연년세세 솟아 나와 자주 보라 흰색으로 피어나네

소담스러운 이파리가 역광으로 빛날 때
눈이 부시네, 당당하게 고개를 쳐들고 있네
댐 건설 저지시킨 자부심인가
세계 유일 동강에서만 사는 희귀종 때문인가

절벽 위에 돌단풍이 부러운 듯 미소 짓고
동강할미꽃과 동강고랭이 금슬 좋은 부부되어
바위를 침대 삼아 소곤소곤 속삭인다

동백아가씨

동방에 화촉 밝힌 사연 담고
호강시킨다며 객선에 몸을 실어 감감 무소식
혼인날엔 돌아와 아랫목에 묻은 고봉밥에 감동하여
사랑의 씨앗을 네 알이나 뿌렸어라

낮에는 들판에서 허리가 휘어지고
밤에는 길쌈으로 긴긴 밤을 밝히다가
귀신 되어 찾아올 때 쏟아낸 눈물
기막혀 설은 한 꽃잎에 물들었네
나무에서 붉어라 땅바닥에서 더 붉어라

아이들도 출가하고 님 가신지 아득하니
나 홀로 젖은 회한 가슴에 서린 꽃은
헤아릴 수 없어라 핏빛처럼 붉어라

연둣빛 버들잎

춘분을 맞아 여기저기 새순이 돋고 꽃들은 저마다 색과 향으로 얼굴 치장 여념 없는데 버들은 간단히 물 세수하고 가녀린 몸매 하나로 승부를 건다

바가지에 띄운 버들잎
청춘남녀 사랑으로 승화되고 산 버들 꺾어주며 날 본 듯 여기라는 안타까운 이별이 절절히 배어 있네

임산부 통증에 버들잎을 씹으라 했고 아스피린 주성분을 추출하며 중생의 소원 귀 기울이는 보살의 자비, 버들가지 꽂혀 있는 감로수를 중생에게 뿌려준다

운무 속에 가는 비 내리니 연초록 비단을 펼쳐놓은 듯 늘어진 버들가지는 산들바람에 몸을 비틀어 부드러움과 연약함 시선을 불러 모은다

멀리서 바라보니 은근한 매력에 사로잡혀서 새파래지기 전 연둣빛 버들잎 자태를 마음에 담아둔다

땅을 향한 때죽나무

아이들 눈망울처럼 하얀 꽃을 피운다
소곤소곤 재잘대며
나무 전체를 뒤덮을 것처럼
다섯 개의 꽃잎을 살포시 펼치네
하나의 암술을 여러 개의 노란 수술이 둘러싸고
부끄럼을 타는 사춘기의 정겨운 소녀
한결같이 다소곳이 아래를 본다
열흘 남짓 짧은 꽃 세상이 끝나면
조롱조롱 열매가 귀엽게 매달리고
작은 타원형 익으면 은회색
고기도 잡고 비누처럼 썼다네
하얀 꽃 앙증맞은 열매 정원수로 제격이고
척박한 땅에서 잘도 자라 가로수로 좋아요
나무가 똑같이 생겼다면 얼마나 단조로울까요
식물은 대체로 하늘 향해 꽃 피우지만
땅을 향한 겸손한 성품 멋지지 않나요

벚꽃의 매력

때가 되면
한꺼번에 흐드러지게 피었다가
나비 되어 사뿐히 날아와서
땅바닥에 다소곳이 내려앉는다

꽃 잔치에 눈 즐겁고
회임하자 비우는 당찬 결단
피어서나 진 후에도
뒷말 없는 고운 자태

벚꽃이 가지는 매력이구나

구상나무

나무들이 살던 땅을 강제로 떠난다
운이 좋으면 다른 땅에 심기고
어떤 나무는 밑동이 잘려 나간다
굵직한 기둥들이 트럭에 실려 제재소로 가서
가치가 없다고 판단되면 산산이 부서진다
수백 년을 산다는 나무가 반백에 절명하는 경우도 있다

상록수인 구상나무 숲 군데군데가 희끗해졌다
한곳에 뿌리내리고 사는 것만큼 서서 죽기도 어려워졌다
잦아진 태풍에 단체로 드러누워 죽는다
죽어가는 나무들 옆 씨앗은 생존을 꿈꾸어
새 풀이 돋고 어린나무들이 흙을 뚫고 나온다

어려워진 생존과 가까워진 죽음 사이에
뿌리를 박고 서서 하늘로 가지를 밀어올린다

인간에게서 살아남아 땅에 서서 죽고 싶다

하루살이 춤사위

하루를 군무로 표현한다
애벌레 때 물속에서 일 년 넘게
아가미로 숨을 쉬며
탈바꿈 몇 번 한 후 몸을 키워서
간밤을 무사히 넘기어
초여름 어스름할 무렵 창공을 비상한다

포식자에게 잡히지 않으려 무리 지어 춤을 춘다
수컷이 암컷에게 정자를 전달하면
암컷은 알을 투하하고 생을 마감한다
하찮아 보이지만 단 하나의 목표
자손 번식 소원이루니 여한이 없다

새가 나타나기 전 하늘은 곤충들의 것이었다
행여 계곡 물소리 들리거든
하루살이 무리 있는지 찾아보라
삼차원 거리 두기와 현란한 무질서가
화음하는 저 태곳적 춤사위를

꿈꾸는 초록 세상

아침 이슬 영롱한
오솔길을 한없이 걷고 싶다

질서가 반려된 무질서의 소산으로
인정의 숲 아래 별빛은 멀어진 지 오래다
먼지가 바다를 건너 날아가고
물은 변질되어 마실 수도 없다
오염된 공기와 바이러스로 숨쉬기조차 힘들다

아름답던 해변에는 잡동사니 천국이고
바다 한가운데에 쓰레기 섬이 생겼다
지구의 남은 수명은 얼마인가
소음에 묻혀버린 영혼의 울음소리와
쿵쾅쿵쾅 들리던 심장소리가 자꾸만 희미해진다

마음이 흐릿하고 눈에 가시가 돋을 때
우람찬 나무를 보면 마음에 안정이 들어온다
초록은 축복의 색깔이요 생명이 솟게 하는 평화다
생각을 내려놓고 고요히 명상에 잠기고 싶다

폭염에 휩싸일 때 숲길을 걸으면
땀 흘려 뿌듯하고 숨을 깊이 들이마시니 평안해진다
온갖 풀벌레 산새들 노랫소리, 물소리 바람소리
촉촉한 이끼와 풀꽃과 나무로 꽉 찬 땅
그 안에는 생명을 살게 하는 수많은 가치가 존재한다

잠시 회색 도시를 벗어나고 싶어 초록을 상상한다
꿈꾸는 초록 세상에서 별무리 고운 들판을 걷고 싶다

회전문 대신에

병원의 회전문이 돌아가고
내 마음도 문이 되어 돌아간다
돌고 도는 환자들이 나를 빙글빙글 돌리고 있다

말이 계속해서 돌고 돈다
말이 나를 움직이는지
내가 말을 다루고 있는지
안이 밖이 되고 밖이 안이 된다

열이 나면 치료하듯
문제 생기면 회전문 아닌
다른 문을 찾아야 한다
자연의 흐름이 막히지 않게
이 세상을 제대로 살고 싶으면

학교에서 돌아오는 아이를
대문에서 반가이 맞이하는 어머니처럼

축령산휴양림

손가락질 물리치고 모든 열정과 재산 퍼부어 나무 심기 시작했다 우직하게 줄기차게 나무 심었다

순창 출신 평범한 농민의 아들, 일본인에게 구입한 땅에 나무를 심으면서 전쟁 때 피란 생각 하지도 못했다 무서운 건 전쟁이 아니라 산의 황폐화로 못 쓰게 되자 혼자만이라도 그런 사태 막아볼 것을 결심했다

1967년 2년 연속 기록적인 큰 가뭄 포기하지 않았다 물동이 지게에 지고 가파른 산에 올라 물을 퍼붓고 또다시 내려와 물을 채워 산을 탔다 가족들이 함께 물지게 졌고 마을 사람들도 힘을 보탰다

'나무를 더 심어야 한다, 나무를 심어야 나라 살린다'
쭉쭉 뻗은 나무들 물결처럼 넘실대고 소슬바람에 향긋한 나무 내음 지천에 떠돌았다

나라가 그의 혼 서린 숲을 휴양림으로 되돌려 놓았다

숲길 걸으며 심호흡하고 콧노래 부르면서 웃음짓는 사람들 보며 하늘 위의 그분 역시 흐뭇한 미소를 짓는 듯하다

취하더라도 깨어서 가라

- 만귀정*에서

동하 마을 입구에 세 개의 정자가
꽃과 벌에 둘러싸여
천상의 연못에서 유영하고 있어요

물산이 풍요롭고 자연경관이 빼어나서
만귀* 선생 남원에서 이주하여
후학을 가르치고 쉼터로 쓰려고
초가 정자 하나 지어 만귀정晩歸亭이라 했네
'남아있는 삶을 자연과 함께 살리라'
자연에서 살다가 자연으로 돌아갔고 정자도 사라졌어요

후손 묵암* 선생 만귀정 옛터에
네모난 연못에 둥근 동산 만들어 정자를 지었지요
하나의 연못에 만귀정 습향각襲香閣과 묵암정사默闇精舍
세 개의 정자를 다리 세워 한 줄로 연결했어요

꽃향기가 엄습해오네요
사시사철 향기에 취한 벌들이 붕붕거려요
건너갈 땐 취하여 선계로 들어가서

나올 때는 깨어나 현세로 돌아오네요

사시사철 꽃대궐 이루니
연초록 버들잎과 벚꽃에서 시작하여
백일홍과 홍련 보랏빛 맥문동 상사화 하얀 눈꽃으로,
꽃향기에 취하더라도 깨어서 가라
하늘은 둥글고 땅은 네모난 것이니라

* 만귀정 : 광주 서구 세화동에 있는 정자
* 만귀 장창우(晩歸張昌雨 : 1704~1774) 초명은 한규(漢圭)
* 묵암 장안섭(默菴長安燮) : 장창우의 7세손으로 성정읍장 역임

문어도 아프고 나무도 아프다

인간이나 동물이나 고통을 피하려 한다

척추 없는 동물 중 가장 영리한 존재는 문어이니
남아공 월드컵 때 문어 파울은
우승팀을 포함해 여덟 번의 경기 결과를 모두 맞힌 것이
다

영국은 두족류와 갑각류에도
살아 있는 상태로 요리하지 말라는
동물복지법을 적용하기로 했고
스위스는 끓는 물에 넣는 바닷가재 요리를 금지했다

산천어축제 소싸움 코끼리 재롱놀이는
인간에겐 축제이나 산천어에겐 집단학살이고
소와 코끼리에겐 괴로움이다

노대동 노인건강타운의
수천만 원짜리 백 년 넘은 소나무 열여섯 그루가
이식 칠 년 만에 시름시름 앓다가 죽었다
염화로 삼십사 년생 메타세쿼이아 일백열여덟 그루가

고층 아파트를 위하여 댕강 잘려나갔다

사람이나 동물이나 고통을 피하려 하는데
나무라고 고통이 없을까 느낌이 없을까

갯벌

바닷물이 들랑날랑하지만 살아있어요
물 빠지면 질펀한 흙 드러나
어민들의 희로애락 버무린다

수만 년에 걸쳐 지어놓은
자연의 콩팥이자 바다의 텃밭
밀물과 썰물의 조화가 빚어내는 자연의 선물이다
바닥이 완만해 깊이가 얕으면서
간만의 차이는 커야 한다
퇴적물이 쌓이고 파도를 약화시키는 능력
까다롭고 공들인 만큼 그 가치 또한 크다네

묵은 때를 걸러내고 철새들의 쉼터이자
수백 종의 생물이 살아가는 터전이다

검은머리물떼새 흑두루미 노랑부리저어새 흰꼬리수리
쉬어가고
짱뚱어 쭈꾸미 망둥이 쏙이가 뛰고 기며
낙지 농게 칠게 방게는 팔자걸음
전복 새꼬막 소라 떡조개는 문 여닫고

동죽 보리새우 대수리 상괭이가 숨을 몰아쉬며

순간순간 연합합창단 오케스트라가 연주하듯
다양한 생명들이 살아가는 이야기를 써내려간다

가을 마중

무서리 내린다는 한로 시기에
가을을 마중하려 원효계곡길 걷는다
단풍의 묘미를 맛보기엔 이른 시절
짙어지는 하늘만큼 나뭇잎도 갖가지 빛깔로 물들어가고
넓은 들 고개 숙인 나락 보니 먹지 않아도 배부르네
마을 어귀 코스모스는 바람에 나부끼고
저수지 푸른 둑엔 배롱나무 꽃잎들이 끝없이 비상하니
쪽빛 하늘에 풍덩 빠질 것 같은 가을로 채워지고 있어요
숲길 따라 걷다 보면 기기묘묘한 바위들을 만나고
완두콩꽃 산자나무 땅두릅 적하수오 열매들이 반기네요
노랗게 익은 은행알 낯익은 감에 감탄하면
모과는 '나도 있소' 얼굴 내민다
어렸을 적 낯익은 수수 모가지 살랑살랑 고개 흔드는
초가집 형상 닮은 버섯집이 정겹다
마을마다 정자에는 느티나무들
몇백 세 나이에도 정정하게 세월을 지켜보고
노송이 옛길의 품격을 말해준다
말이 없는 길은 과장이나 허세가 보이지 않아요
부드럽고 완만한 능선 자락의 조화가 절묘하네요
나 또한 그대 닮아 느슨하고 싸목싸목 걷고 싶어요

3

영원한 생명

추위와 추위가 만나면 온기가 되고
상처와 상처가 만나면 치유가 일어나며
외로움과 외로움이 만나면 평온이 된다
- 「아프지? 나도 아프다」 중 일부

진리는, 저 산 너머에도

서 있는 곳에 따라 세상은 달리 보이는 것이다

위치에 따라 달리 보이는 풍경을 보고
자기가 보는 풍경만 옳다고 우긴다
내 생각과 같은 사람은 옳고
다른 생각을 가진 사람은 틀리다고 믿는다

자기가 선 곳이 더 깊다고 다투거나
보이는 것만 옳다고 외쳐봐야
공허한 메아리만 들릴 뿐

아무리 힘들어도 정상에 함께 오를 일이다

진리는, 저 산 너머에도 있다

어떤 선물을 줄까?

내 얼굴은 내 것이지만 남이 더 많이 보고
인상으로 기억하고 저장해 두었다가
상대를 자극하고 건드리는 마술 같은 것

이지적으로 빛나는 맑은 눈에다
서글서글 붙임성 좋으면 사람들이 따르니
미소 짓고 인사 잘하며 대화하고 칭찬하라 하네

생각과 표정 말씨와 몸짓을 어우르나니
장점을 살리고 단점을 보완하면
아름다운 인상으로 변신할 수 있느니라

더불어 긍정적인 결과가 따라오는 것
기운 내라 사주는 선물 같으니
오늘 만나는 사람에게 어떤 선물을 줄까?

영원한 생명

심지도 않았는데 호박씨 하나가 싹을 텄다
고향집 텃밭에 아버지가 구덩이 파고 심은 호박이
우리 집 화단에서 싹이 튼 모양이다
울타리를 기어올라 초가지붕을 덮었던 줄기가
이번에 포도나무 가지를 타고 올라 포도덕장을 누빈다
목마르다 하면 비를 내려주시고
갑갑하다면 바람으로 흔들어주며
어둡지 않게 햇빛을 비춰주시네
비는 자신의 물을 마시지 않고
태양은 스스로를 비치지 않으며
꽃은 자신을 위해 향기를 퍼뜨리지 않고
호박은 자신의 열매를 먹지 않지요
자연은 남을 위해 사는 것
하느님의 마음이다
자고 나니 손주들이 샛노란 호박꽃이 되어 방긋방긋 웃는다
벌들이 찾아와서 춤을 추며 노래하고
나팔꽃이 나팔 불면 맨드라미 벼슬 들어올리고
엉겅퀴와 맥문동이 장단 맞춘다
언젠가 애호박이 열리고 몰라보게 자라난다
어머니가 나타나서

'애야 밥은 먹었니? 애호박 찌개 끓여놓았다
가을엔 호박떡을 해주마'
호박 넝쿨은 멀리멀리 뻗어간다
꽃피우고 열매 맺어 씨앗을 잉태한다
물방울이 모여서 강을 이루어 천년만년 흘러가듯
에덴동산에서 영원한 생명을 이어가리라

위대한 유산

어둡던 시절엔 수많은 별들이 또렷하게 창공에서 빛났습니다

하얼빈과 홍커우공원에서 식민통치의 원흉과 제국주의 수뇌부를 처단했어요 고종황제 장례식 날 독립선언을 하였고 만백성의 함성이 전국각지에서 들불처럼 타올랐습니다

상하이, 블라디보스톡, 한성, 동경의 임시정부대표가 합세한 임시의정원에서 하나로 통합한 임시정부를 상하이에서 출범했지요 국호를 대한민국, 정체를 민주공화제로 하여 주권을 백성에게 평등하게 돌려주는 쾌거를 이뤘지요 이것은 혁명이었습니다 님은 가문과 재산을 민족에게 바치고 자리를 탐하지 않았습니다

일본군을 탈출한 학도병들은 섬부纖夫*처럼 양자강을 거슬러 올라가서 짚신을 신은 채 설인雪人처럼 해발 3,000m 파촉령을 넘어 2,400Km의 대장정 끝에 충칭의 광복군에 합류했습니다 피는 형제보다 진했고 독립을 위해선 단 하나 목숨도 아끼지 않았습니다 전 세계 식민지

국가 중 헌법과 정부, 정당과 군대를 가지고 독립운동을 한 나라는 대한민국 밖에 없습니다

님은 갔지만 혼은 광활한 우주에서 민족의 수호신이 되어 우리 마음에 영원히 살아있습니다

오늘의 정치판 민생은 뒷전에 둔 채 협력과 소통은 암흑 속에 묻히고 탐욕은 춤추는 욕설의 칼이 되어 날아다닙니다 한밤중에도 침묵과 어둠이 없으니 별이 사라졌습니다

별이 없는 하늘 보고 소리 없는 탄식 속에 마른 눈물 흘리며 님을 그리워합니다

*옛날 상인의 배가 노를 저어가다가 물살이 센 계곡이 나타나면 섬부纖夫 수백 명이 내려 밧줄로 배를 묶어 줄다리기로 양자강의 상류로 배를 끌어 올렸다. 지금은 10여 명만 남았다.

참된 얼굴 하나 보기 위해

우리가 세상에 온 것은 참 얼굴 하나 보기 위해서라고 한다

낮에는 따사로운 햇빛처럼
밤에는 반짝이는 별빛처럼
폭풍우 속에서도 평안히 잠이 들고
남의 아픔 보고 울 줄도 아는 얼굴을

학대받다가 죽음에 이른 정인이는
오랫동안 표정을 잃었는데
가까이 있던 어느 누구도
정감 있는 눈으로 봐주지 않았고
따뜻한 손으로 잡아주지 않았다

나치의 강제수용소에서 살아남았던 사람
그는 표정을 잃은 한 소년을 만났다
소년의 얼굴에 표정이 살아날 때까지
춤추고 웃고 손뼉 치고 혀를 내밀어도 보았다
인간이 된다는 것은 바로 그런 것이기에

나의 미소는 가두었던 얼음을 녹여주는 것

얼음장 같은 얼굴을 깨우기 위해 노력하는 동안
사로잡고 있던 영혼의 어두운 밤이 물러가도록

어느 날 얼음이 깨어져도
네가 웃는 날이 있겠지

아프지? 나도 아프다

북극곰들은 추위를 겨울잠으로 견뎌내고
영하 60도의 혹한 남극의 펭귄들은
겹겹이 껴안고 강강술래를 교대하면서 이겨낸다

우리네 인생살이 곳곳이 춥고 어둡다
그대가 곁에 있어도 나는 여전히 외롭다
그래서 사람이다

추위와 추위가 만나면 온기가 되고
상처와 상처가 만나면 치유가 일어나며
외로움과 외로움이 만나면 평온이 된다

동병상련의 마음으로 서로를 안아주면
걱정이 작아지고 얼었던 마음에 아지랑이 피어오른다

치유란 말이 아니라 껴안고
서로의 상처를 나누는 것
너는 혼자가 아니다

아프지?
나도 아프다

다 이해해

네가 매우 슬프다는 것 충분히 이해해
그럴 수도 있지 다 이해해
위아래 구별 없이
낮은 곳에 번갈아 서보아야 한다

바라보는 방향이 다를 수 있지만
한 우산 아래 어깨를 나란히
도란도란 이야기 나누는 것이다

과학도 사람도 완전히 이해할 수는 없다
티끌만큼이라도 이해하려면
한 나무 아래 손과 손 마주 잡고
나란히 서는 것이다

세상에 단 하나 소중한 우리
숲처럼 울창한 이해의 나무 꿈꾼다
서로 달라도 서로 이해하는
다른 이의 발아래 누구도 서지 않는
차별 없는 세상을

광주 지하철에서

같은 시간에 같은 길을 달립니다
땅 위와 아래를 오르내리며 평행한 궤도를 돕니다
지공선사 초기에는 민망해 하더니 이제는 무료라 웃음 짓습니다
생업에 바쁜 여인은 이리저리 밀리느라고 송골송골 땀이 맺힙니다
날씨가 추워지자 노숙자나 행려자는 제 쉼터에서 잠을 청합니다
출근 시간에는 더 힘껏 흔들고
한가한 오전 시간에는 승객끼리 반가운 인사도 건넵니다
피곤한 몸을 맡겨 오는 저녁 시간이면 가만히 그들을 응시합니다
가득 실린 보이지 않는 이야기들에 귀를 기울입니다
덜컹덜컹 덜컹덜컹, 삶이 굴러갑니다
어떤 분은 자신이 나고 자란 바다에 대해 들려줍니다
그런 분을 보며 미소 짓습니다
어떤 가족은 시끄럽고 복잡하다며 귀촌했습니다
그들의 안온한 표정에 흐뭇합니다
저자와 대화하는 사람도 있습니다
즐겁게 수다를 떠는 학생들도 있습니다

사는 모습이 저마다 다릅니다
다양한 사람들이 도움 주고 상처 주며 껴안고 부대끼며 살아갑니다
사람이 살아간다는 것 다 그런 것입니다
끌고 온 손수레 속 무지개색 요술장갑처럼
빠진 것 없이 다 고운 것이 저마다의 삶이고 얼굴입니다
덜컹덜컹 덜컹덜컹, 타악기처럼 인간의 삶을 은유합니다
흔들고 흔들리며 사람들의 삶이 굴러갑니다.
어쩌다 땅 위에 나오면 장엄하게 숨을 거두는 노을이며
얼음을 뚫고 파릇파릇 돋아나는 봄의 새싹에다
펑펑 내리는 함박눈에 바싹 여윈 나무와 푸른 소나무를 뒤덮는
대자연의 숨 막히는 공연을 보며 감동합니다
밖으로 나가 아무 곳으로나 눈을 돌리면 친숙한 길 위의 풍경입니다
우리는 모두 그 길을 어디론가 달려갑니다

위로를 주는 안부

후배가 보내온 내 퇴임 문집 헌정식 영상 보니
세상을 떠나신 분들이 그리도 많은지
지금은 어느 하늘 아래서 무슨 일을 하고 있을까
멀리 떠난 사람들의 안부가 궁금해지네

선생님 그간 강령하신지요
마음으로 납배하며 스승님의 안부를 여쭙는다
작년 겨울에 내자와 사별하였단다
마음은 아프지만 홀로 사는 모습 확인하니
전화라도 드린 일 참 잘한 일이었네

정성 드린 제자 보다 기억 못한 제자가
전화하며 찾아오니 미안하고 감사하다
깊던 물이라도 얕아지면 오던 고기도 아니 오듯
예전엔 가까이 하던 사람들에게
이제는 안부 전화하기 어려워요

자녀들 시험 잘 봤냐 취직은 했냐 결혼은 언제 하냐면
염장 지르는 일이 될 수도 있고
전화하면 무슨 일이냐 하니

열변보다 사색과 경청이 어른스러워라
격려의 말 한마디가 위로를 주는 것이니

소안도

김과 전복의 바다이다
섬 이름처럼 편안해 보인다
섬 전체가 항일투쟁에 나섰고 90여 명의
독립운동가를 배출한 면 단위로 전국 최대 규모이다

배움만이 살길이고 항일의 길이라는 염원을
송내호 선생 주도로 소안학교에 모아서
조선의 역사와 국어를 가르치고
일제의 경축일에 휴교하지 않았다

덕성여대 교수 논문 '해방의 땅 소안도'와
EBS 다큐 '한국독립운동 소안 항일운동'이 전국에 알렸다
면소재지에 항일운동기념탑과 항일운동기념관
사립 소안학교가 복원되어 역사에 합당한 자리를 차지하였다

항일의 기억을 살리고자 모든 가구에
일 년 삼백육십오일 태극기를 게양하고
선착장 앞 바다에 가로 18m 세로 12m의 대형 태극기

를 띄웠다

태극의 바다 그 위에 소안도가 떠 있다

민족의 모습 세한도

조그만 창문 달린 외로운 집 한 채
고목 네 그루가 한 켠을 차지하고 있어요
의리는 사계절 푸르러 혹독한 추위를 이겨내는 것
한설 후 낙엽 지는 소나무와 잣나무의 지조를 뛰어 넘었어라

작가의 발문과 청대 명사 열여섯이 찬시를 적었고
문하생의 찬문과 애국지사 세 분의 배관기가
긴 두루마리를 이루게 되었어요
추사 선생 자신의 처지와 신의를 담은 세한도
이백여 년 나라의 굴곡진 역사와 함께 한 사연

우에노上野로 달려가 달포 동안 방공호에 기거하며
후지스카藤塚를 졸라 손에 넣은 손재형의 집념이
태평양전쟁 불더미에서 구출하여
손에서 손으로 떠돌던 신세
손창근의 기증으로 국민의 품안에 돌아왔어요

값을 새길 수 없는 보물 펼치면 십사 미터에 달하네요
구도나 묘사보다 강인하고 반듯한 글씨와 그림의 조화

극도로 생략되고 절제된 화면은
농축된 내면세계의 문기文氣와 서화일치의 극치

겉으론 죽은 것 같아도 안에는 생명 품어
어떠한 고난과 시련도 이겨내는 민족의 모습이어라

미나리는 사철이라

전국의 냇가와 습지에 흔하게 자라는 풀
얼음장 뚫고 나와 입맛 돋구고
연초엔 희망 되어 우리를 찾아오네

배추가 널리 보급되지 않은 시절
가을엔 무김치 봄에는 미나리 김치
미각을 살리는 계절의 전령사

지지고 볶고 무치며 국 끓이고
춘하추동 변함없는 우정
미나리강회*라는 예술로 승화했고
충성과 정성의 표상이고 학문의 상징으로
반수泮水에서 미나리를 뜯는다* 했네

대나무처럼 속이 비어 씹을 땐 아삭아삭
습지에선 수질 정화 정신을 맑게 하니
탕이나 생즙 내어 약재로 썼어요

미국에서 꽃피어 세계인의 공감 얻은
끈질긴 생명력 개성 있는 영화 이야기

맛과 영양 이상의 가치를 선양하였네

만인에게 사랑받고 사시사철 행복한 주인공이 되소서

*미나리강회 : 데친 미나리 위에 달걀찜 편육 홍고추 등을 쌓아 올리고 미나리 줄기로 감아 초고추장과 함께 먹는 고급 궁중요리
*반수에서 미나리를 뜯는다 : 시험에 합격한 인재를 대학에서 공부시키는 것

신의이시니

- 구암 허준* 선생

누구라도 병자라면 성심을 다해 돌본 의원
그분 말씀이 가슴 울리네

이 땅에서 나온 약재
육체와 정신 단련 우선이며
약과 침은 그 다음이다

병자를 긍휼히 여기는 것은
사람인 까닭이요
몸은 바로 나요 병도 수양이니라

허심탄회하면 도와 합치되고
야심은 도에서 멀어지느니
병만 다스리고 마음은 고칠 줄 모르면
뿌리를 보지 않고 가지나 이파리만 손질하는 것이라

현대적인 분류방법으로 병증과 치료방법
독특한 서술체계를 세운 방대한 동의보감
중국과 일본에서도 일곱 번이나 출간되니

자랑스런 우리 의학 기나긴 가뭄에도
영원히 마르지 않는 우물되었네

민중과 함께 울고 아파하며
가슴 활짝 열어 보인 의술과 심성
한반도를 넘어 세계적인 성현이라
의원 중 의원 신의神醫이시니
떠나신지 400여 년 귀천歸天 모습 떠올리며
소리 없는 눈물 줄줄 흐르네

＊구암 허준(1539- 1615)

잠월미술관

누에처럼 굼실거리고 밤엔 커다란 달덩이가 떠오른다
함평 모악산에 안긴 잠월미술관
정경에 반해 미술관 짓게 된 미술교사 부부
매일 왕복 두 시간 출퇴근은 물론
처음 지어보는 배추 농사에 전시 준비까지
황금벼의 물결이 아름답게 출렁이는 산내리 마을
할머니들 주름진 손엔 카메라가 들려 있고
부부의 코치 받으며 작품 활동이 시작된다
갓 태어난 강아지부터 힘써 기른 호박에 고추까지
여느 프로작가에 뒤지지 않는 사진에
천연염색 도자기공예도 배우며 이팔청춘 부럽지 않다
어디선가 무슨 일이 생기면 어김없이 달려간다
포대에 도정할 벼를 옮겨 담고
편찮으신 할머니를 병원까지 모셔다 드리고
기침 심한 할머니에겐 목에 좋은 음료를 챙긴다
할머니들도 그런 부부에게 밤마다 깜짝 선물
미술관 앞에는 토란이며 고구마 고추들이 몰래몰래 놓여 있다
할머니들 정성 보며 어머니 떠올리며 눈물 훔치는 아내
막둥이 부부는 또 다른 부모님들 품에 포근히 안겨 있다

거미의 가르침

제 몸에서 실을 뽑아 그물을 만드는 행위예술가요
적을 만나면 그물에 가두거나
독이 든 이빨로 먹이를 물어뜯어
생포하는 사냥꾼을 보고 생각난 듯

나누어라 바른 길을 가라
뛰어난 말재주 부리다가
손수 친 그물망에 걸리고 말았어요

작아도 줄만 잘 치던 그대건만
자기 줄에 목매고 그 줄로 방귀 동이듯 하더이다
오래된 빈집에서나 보던 풍경이
으리으리한 빌딩에 사는 사람 중에 많아 보이네요

천적을 물리쳐 사람을 이롭게 하는 존재가
소리 나지 않게 말했어요
곧은길에서 바르게 걷기가 쉽지 않은 법
당신부터 잘하세요

5월 광주호에서

호수 주위는 온통 물안개로 덮여 있어
몸통을 드러내어도 마음만은 드러내지 못하는 세상이다

산에서 놀다가 계엄군의 총에 맞아 하늘로 간 소년
열두 살 때의 사진이 돌아왔다
그때 거리의 알림이도 거리에서 쓸어져 생을 마감하였으니
마음이 싱숭생숭 내치락들이치락한다

새벽 찬 바람만이 서성거리는 깜깜하고 암울했던 날이었다

광주의 어머니 무등산의 울부짖음에
물고기들 기가 막혀 말문을 닫자
마음속에 잔잔한 파도가 일어
물 위에 곱게 피는 물비늘을 바라보았다

노을이 비친 호수는 온통 붉은 빛깔을 띠고 있다
그들의 영원한 안식을 위한 기도가 마음을 가라앉혀 주었다

그들을 추모하는 마음이 전해져 차분해진다

구절초와 수련 노랑꽃창포
소나무와 왕버들 그림자가 아른거리더니
이윽고 달빛 받아 은은한 비취색으로 반짝이고 있다

버들가지가 바람에 꺾이지 않듯이
항상 온유함을 잃지 않는
산과 하늘을 품은 잔잔한 호수처럼
아잇적 순수한 마음 간직하고 싶다

어떤 이미지

당신이 후보인가요
출마의 변을 묻는다면
인간다운 삶을 위해서라고 하시겠지요
머리도 손질하고 변신을 시도하셨다구요
가습기 살균제 참사 무죄 판결 어떻게 생각하시나요
산업현장에서 돌아오지 못한 근로자의 유가족
산재처리도 못 받고 입원 중인 산업역군들 눈물의 무게를 헤아려보셨나요
안나의 집이나 명동밥집에 들러는 보셨습니까
길 가는 노숙인에게 외투를 걸쳐준 신사 이야기를 들어보셨나요
세상이 요란한 오늘날 가끔 저도 테스형께 물으며 음악을 듣습니다
널따란 수평선 멀리 들판에서 느끼는 상쾌한 교향곡을 듣습니다
장중한 장송곡에 마지막 심판 나팔이 마음을 움직입니다
속삭이던 너울이 노도가 되며 호소하다 흐느끼고 분노하는 절규에 공감합니다
하나의 장면이고 시이며 이야기입니다
없는 말을 억지로 하지 말고 노래하는 시인이 되어보세요

거울 속에 당신의 마음을 있는 그대로 비춰보세요
생각과 표정 말과 행동이 바로 당신입니다
가장 약한 자도 우리의 형제입니다
우리는 더불어 살아가는 인간입니다

품격이 다른 12개의 선과 4개의 점

무등산을 볼 수 있어서 광주가 좋았습니다
시내에서 무등산 보기가 참 어렵습니다
자고 나면 비온 뒤 죽순처럼 하늘로 치솟는 것이 가립니다
3억 원짜리가 6억 원으로 올랐다고 좋아합니다
이윤이 남으면 팔고 다시 이사할 준비를 합니다

산업화되기 전에 보았던 드라마
'은실이'와 '파랑새는 있다'가 생각납니다
그때는 눈 안에 무등산이 있었습니다
가난해도 몸 부비며 아끼는 정이 있었습니다
모두 올망졸망 한옥에서 살았습니다

한옥은 볼수록 아름답고 우아하고
무어라 말할 수 없는 장엄함 따스함 안락함
뒷산의 배경과도 잘 어울리는 골목
고향마을의 정취를 흠뻑 느낄 수 있는 아늑한 지붕선
문창살 서까래 곳곳에 서려 있는 단아함
한국인의 피가 곳곳에 흐르고 있었습니다

지금은 뉴스와 드라마를 안 봅니다

못 봅니다
전국에 광풍이 불고 있습니다
핏대를 드러내며 큰 소리로 상대를 공격합니다
품격이 다른 12개의 선과 4개의 점으로 된 링 안에서
서로 큰 감을 차지하겠다고 이길 생각에만 몰두합니다

점과 점 선과 선이 맘껏 조화를 이루는 한옥처럼
품격 있고 아름다운 세상이 되도록 기도하는 순간입니다

4

드러내지 않는 존재감

자비는 최고의 선물입니다
공동체는 한마음 한뜻이 되어
모든 것을 공동으로 소유하였습니다
탐욕에서 해방되어 자기를 비운 모습입니다
-「자비로운 사람」 중 일부

드러내지 않는 존재감

어른은, 드러내려 하지 않았으나
말씀으로 결국 드러났다

꿰뚫어 바라보고 골똘히 생각하여
우주보다 더 큰 깨달음을 얻었다
시공을 초월하는 혜안으로
말이 아니라 몸소 실천하였다

계절을 찾아 철새가 찾아오듯
아이는 드러내려 애를 쓴다
열광하고 집중 받으려고 안달을 한다

예수께서는 아무것도 없었으나
오천 명*을 배부르게 하였고
쪽배로 노도를 뚫고 광대한 바다를 건넜다
티끌 하나 남기려 하지 않았으나 말씀이 남았다

자기 동네에서 호응을 얻지 못한 말씀은
바다를 가르고 오지를 찾아
끝없는 감동의 여운을 영원히 일으킨다

나타내려 하지 않은 가르침은
부활로 생명을 얻었다

살아서 어두웠던 빛은 죽어서 찬란하다

시인이 그렇고 시혼 또한 그렇다

*오병이어

침묵하는 하느님

코로나 팬데믹, 미국 인도 브라질
아니 전 세계 병원엔 환자들
장례식장 묘지엔 시체가 산더미 손쓸 힘이 없다
기적과 승리를 기도해도 하느님은 침묵할 뿐이다
마음 안 예수를 통렬히 원망한다
가슴에 격렬한 통증이 밀려온다
네 마음이 아프지
너희 아픔 나누기 위해 십자가를 짊어졌다
나는 침묵하고 있던 것이 아니다
너희들과 함께 괴로워하고 있다
너희가 괴로운데 난들
괴롭지 않다고 말할 수 있겠느냐

입춘에

생과 사의 경계선을 상정하고 살지만
삶은 그러한 생각에서 벗어나곤 한다

나 홀로 버려진 것 같은 쓸쓸함
분주하게 살고는 있지만
중심을 잃고 맴돌고 있다는 자각이 찾아올 때
돌연 세상은 낯선 곳으로 변하고 만다

예수는 사람 사이의 장벽이
철폐되는 꿈을 인류에게 심어주었다.
의인과 죄인, 남녀, 외국인, 빈자, 배우지 못한 이들을
가르는 담을 허물기 위해 온몸을 불살랐다

저편으로 내몰려 혐오의 대상이 된 사람들
삶의 벼랑 끝에 몰린 사람들
마음을 주체할 수 없어 방황하는 이들에게
밥이 되어주려는 마음을 품을 때
우리를 괴롭히던 무거움이 사라지지 않을까

바야흐로 입춘이다
봄볕처럼 따스한 사람을 보고 싶다

참된 모범

- 천주의 성모 마리아 대축일에

성모님은 예수의 어머니시요
세상과 교회의 어머니이시니
삶과 역할과 성덕은 신앙인의 참된 모범입니다

"이 몸은 주님의 종이니, 주님의 말씀대로 내게 이루어지소서"
예수님을 뒷바라지하면서 훌륭하게 키우셨으니
훌륭한 어머니이시며 모든 어머니의 모범입니다

누구보다도 아들 곁에 계셨어요
가나의 혼인잔치에도
복음을 선포하실 때에도
십자가에 달리셨을 때에도
아들의 고통을 보면 어머니는
더 심한 고통을 당하는 법이지요

하늘로 오르신 후에도 세상에 자주 나타셨어요
과달루페 루르드 파티마 바뇌 등지에서
세상의 구원을 위해 기도하고 희생하라고 말씀하셨어요

지금도 세상의 구원을 무던히도 걱정하고 계십니다

새해 첫날인 오늘은
천주의 성모 마리아 대축일인 동시에
세계 평화의 날이기도 합니다

세상의 평화, 고통 중인 나라와 사람들을 위해 기도합니다
남북이 화목하고 교류하여 평화통일을 이루도록 청합니다
새해에도 우리에게 복을 주며 지켜주시도록 기도합니다

진리의 빛이 나타나리라

- 주님 공현 대축일에

주님께서 사람들에게 드러남을 기념하는 날
온 세상 사람들을 모두 구원하러 오셨습니다

동방 박사들의 방문 때
세례자 요한에게 세례를 받을 때
가나의 혼인 잔치에서 나타나셨어요

세상에 오신 메시아를 맞이하자면
우리의 몸을 거룩한 제물로 바치는 것입니다

이사야는 희망의 메시지를 전했습니다
"예루살렘아, 일어나 비추어라. 너의 빛이 왔다"
어둠으로 암흑천지인 예루살렘에 주님께서 오시면
태양이 떠오르듯이 진리의 빛이 나타나리라는 것입니다

길을 잃어버린 이들이 도움을 받아야 할 것은 성경이니
우리 갈 길을 인도할 별빛을 찾게 해 주기 때문입니다

예물은 황금과 유향과 몰약이 아니더라도

주님이 다스리는 길을 걸어감으로써
주님의 말씀을 전하면서 고귀한 가치들이
세상에서 길이 남도록 노력하는 것입니다

새로 태어났어요

- 주님 세례 축일에

모스크바 근처, 러시아 정교회의 세례 예식
성당 앞마당 한가운데 땅바닥 출렁대는 웅덩이에
수영복만 입은 사람들이 몸을 담그며 세례를 받지요

지금 기분이 어떠십니까
젖은 몸에 담요를 두르고 벌벌 떨던 그 사람은
정말 기쁩니다 저는 새로 태어났어요

예수님께서는 친히 세례를 받으심으로써
우리들에게 보여주셨습니다
하느님의 아드님으로서
하느님의 뜻에 따라 사셨고
죽으시고 부활하셨습니다

세례는 우리들에게 영원한 생명을 약속해 줍니다.
하느님의 뜻에 따라 사는 신앙인이
반드시 부활의 은총을 누릴 것이라는
참된 희망을 깨닫게 해줍니다

진인사대천명

예수님은 정치적인 메시아가 아니라
영적인 메시아로 오셨어요
생명의 빵으로 계시하시니
생명의 빵이 되기 위해 오셨지요
부와 명예 건강과 생명만 주거나
요술 램프의 거인처럼 '짠'하고 나타나지 않아요
자신을 십자가에 매달리셨으니
렉시오 디비나*를 통해
좋은 일은 즐겁고 나쁜 일은 괴로운
영적인 감수성을 키우는 것이지요
신앙은 죽음에서 벗어나 영원한 생명을 얻는 것
진인사대천명盡人事待天命
잔머리를 굴리지 말고
겸손과 온유 사랑과 평화가
언제 어디서나 함께 하기를

* 렉시오 디비나(Lectio Divina) : 관상기도, 신인합일은 하느님과 대화를 넘어 신과의 만남을 뜻한다

하느님을 섬기듯

마주 앉아 소곤소곤 속삭이는 모습
하느님 보시기에 좋았어요

보이는 것인가 들리는 것인가
애틋하게 그리워하고
느끼면서 좋아하는 마음인가

다른 사람의 발자국 소리와 다르다
이 세상에 단 하나뿐인 또각또각
구두굽이 내는 소리가 아니라
사랑하는 사람에게서 나오는 몸의 소리다

침묵처럼 비어 있지 않는 것
순수한 마음으로 가득 차서 넘쳐흐르는 것이다

매력적일 수도 지루할 수도
말도 안 되는 이야기일 수도 있는
두려운 그 무엇이다

상처받으면서도 한 걸음 다가서는 것이다

사랑하고 상처받지 않는 사람이 어디에 있다던가
그럼에도 꾸준히 감싸 안아주며
단련하고 숙달해야 하는 어떤 기술이다

외롭지 않게 공감하고 소통하는 것
먼저 생각하고 존경하며 맞춰가는 것도
노후가 보장되는 확실한 보험 하나이다

나와 여생을 함께할 바로 그 사람을
하느님 섬기듯

사랑한다면 이 사람들처럼

당신에게도 이런 사랑이 있나요
부족한 당신의 모습까지 품에 안아주고
당신을 환하게 웃게 만드는 그런 사랑

척수성근위축증으로 몸이 불편한 여자의
손과 발이 되어 그녀를 지키는 건장한 남자
한 복지관에 봉사활동을 갔던 그는
하얗고 맑은 얼굴의 여자에게 마음을 빼앗겼다
꽁꽁 마음 문을 닫아두고 살았던 그녀에게
친절한 봉사자에서 사랑하는 사람이 되었다

두려움 없는 사랑은
하나의 기적을 만들었다
그녀에겐 목숨을 건 선택이었던
건강하게 태어나준 아들과 딸은
장애도 편견도 뛰어넘은
두 사람의 사랑에 하늘이 내린 축복이다

당신을 사랑합니다
두 사람의 눈에는 하염없이 눈물이 흐르고

하객들도 눈시울을 적신다

몸은 여전히 불편하고 고통스럽고
삶의 무게를 함께 감당하기 힘겹지만
사랑이 있어 용기를 얻고 기쁨을 느낀다
무기력한 부끄러운 엄마는 되지 않겠어요

지나온 아픔과 슬픔은 반으로
만들어갈 행복과 기쁨은 두 배로
마주 보고 해바라기가 되어 살아가겠노라

사랑의 힘을 믿고 싶다면
참으로 사랑한다면 이 사람들처럼

흙에서 와서 흙으로 돌아가느니

- 재의 수요일에

흙에서 와서 흙으로 돌아가느니
인생의 무상함을 깨닫고
회개하고 복음을 믿으며
보속하며 부활을 준비하는 것입니다

이스라엘 백성의 광야 40년
예수님의 광야 40일이
사순절의 원형입니다

황량한 광야는 유혹과 시련 하느님을 만나는 곳
영혼의 정화를 통하여 하늘나라 시민이 되기 위해
준비하는 영적 재탄생을 체험합니다

보이기 위한 단식이 아니라
하느님께서 기뻐하시는 것은
자기 자신을 새롭게 하는 것입니다

광명 빛의 세계를 향하여 출발합니다
은혜로운 사순시기를 잘 보내어
부활의 영광이 이어지기 때문입니다

세족은 주인의 일

수난과 죽음의 여정을 목전에 둔
예수님께서 제자들과 최후의 만찬을 나누십니다

죽음의 시간은 째깍재깍 다가오자
마지막 수업을 진행하십니다
3년여간 제자들에게 행하신 가르침의 정리였습니다

파격적인 충격요법이었습니다
내가 너희의 발을 씻어주었으니
너희도 서로 발을 씻어 주어야 한다

주인이면서 종의 발 아래 무릎 꿇은 예수님
만왕의 왕이면서도 말단 병사 앞에
겸손한 얼굴이 보입니다

지는 것이 이기는 것이며
부드러운 것이 강한 것이고
내려놓는 것이 들어 올리는 것이며
죽는 것이 사는 길이라는 것을 보여주십니다

세족은 노예가 아니라 주인의 일입니다

마음을 열어라

- 주님 부활 대축일에

동틀 무렵 여인들이 무덤으로 가니
천사가 말합니다
'두려워하지 마라, 겁내지 마라'
살아있는 희망의 말입니다

예수님께서는 우리를 위해 오셨습니다
죽음이 있는 곳에 생명을 전하고자
새로운 역사를 시작하셨습니다

희망할 수 있고 희망해야만 합니다
그분은 어두운 무덤을 환하게 비추셨습니다
구석구석까지 비춥니다
어둠과 죽음은 결코 마지막이 아닙니다

용기를 내어라

기도 안에서 마음을 열고
예수님의 빛이 들어올 수 있도록
마음 입구에 놓인 돌덩이를 들어 올리십시오

십자가는 부활로 이르게 합니다
그분은 사랑이십니다
부활 선언이자 희망 선언입니다

수난과 죽음

- 주님 수난 성 금요일에

미나리는 싱싱함과 향으로 입맛을 더해 줍니다
고향이 그리워 개나리를 심었다고 합니다
잎은 싱싱하게 자라는데 노란 꽃이 피지 않았습니다
겨울이 없는 따뜻한 나라였기 때문입니다

비나리는 간절한 소망을 담아 기도하는 것입니다
누군가를 사랑하는 마음이 깊이 들어있습니다
희나리는 마르지 않은 장작입니다
이루어지지 않는 안타까움이 담겨있습니다

십자가 지신 예수님을 기억하는 날입니다
주님의 수난과 죽음은
고단한 이, 아픈 이, 소외된 이,
죄인들에게는 좌절과 절망이었습니다
기득권을 가진 자들에게는 승리로 알았습니다

어둠의 세력을 이기는 빛의 승리요
죽음을 넘어서는 부활의 빛입니다
절망의 눈으로 바라보면 어둠이요 허무이지만
사랑의 마음으로 보면 부활과 구원의 여정입니다

자비로운 사람

- 하느님의 자비 주일에

아버지께서 자비하신 것처럼
너희도 자비로운 사람이 되어라

넘어졌을 때는 겸손의 계기가 됩니다
죄를 뉘우치고 용서 받으면서
자비롭고 겸손한 사람이 됩니다

평화가 너희와 함께
주님만이 줄 수 있는 평화와 기쁨입니다

자비는 최고의 선물입니다
공동체는 한마음 한뜻이 되어
모든 것을 공동으로 소유하였습니다
탐욕에서 해방되어 자기를 비운 모습입니다

자비는 승리와 평화의 선물입니다

하늘나라

- 주님 승천 대축일에

하늘은 아버지 하느님께서 계시는 곳
하느님은 사랑입니다

시간과 공간을 초월하신 하느님처럼
예수님도 지금 우리 곁에 계십니다

예수님 같은 마음으로 사랑할 때
예수님께서는 우리 곁에 계시고
그곳이 바로 천국입니다

하늘만 쳐다보는 사람이 아니라
자신의 옆에 있는 사람을
사랑으로 바라보며
지금 여기에서 하늘을 살아가고
하늘의 향기를 전하는 것입니다

예수님을 그리워하며 달려가면
대지가 하늘이요 사람이 하늘이며
일상이 하늘의 조각임을 알게 됩니다

너를 하늘로 여길 때 내가 하늘이 되고
내가 하늘이 될 때 너도 하늘이 됩니다

사랑으로 계시다

죽기 아니면 까무라치기로 살고 있는가

집착하며 살아가는 욕망 때문이다
누구나 다 부족함이 있는 법이니
있는 그대로 받아들이면 성숙해지고
건강한 자아로 존재할 수 있어요

부족하니 사람이다
하느님이 채워주신다, 사랑으로
사랑은 내 것이 아니고 남을 향해 있었네

만약 사랑한다면
상대가 있음으로
사랑 또한 있음을 깨달아야 한다
내가 아닌 그대 위해서
십자가 등에 지고 기꺼이 따라가 볼 일이다

죽기 아니면 까무라치기로 살아본 적이 있는가

무엇을 위하여 그리했을까

채울 수 없는 것을 채우려 말고
메울 수 없는 그것을 인정할 때 건강해져요

하느님은 지금 여기에 사랑으로 계시니까요

밀과 가라지

- 농민주일에

농민주일은 농민들의 수고를 기억하면서
농촌과 도시가 함께 창조 질서에 맞게 살자는 것
땅을 잘 가꾸고 지켜서
후손들에게 잘 물려주어야 하느니
생명과 생태의 가치 살리고
아름답고 살만한 세상을 만들자는 것이라
농민은 긍지와 소중함을 가지고
기쁘고 보람되게 살기를

나는 참 포도나무요
나의 아버지는 농부이시다

논에 나락과 피가 함께 자라고
밭에 밀과 가라지가 함께 자라듯이
이 세상에 교회 안에서도
밀과 가라지가 함께 살고 있어요

죄인들이 회개할 수 있는
시간과 기회를 주신다는 것이니

하느님의 자녀로서
열심히 살 것을 다짐해야 할 것이라

의인들은 아버지의 나라에서
해처럼 빛날 것이다
귀 있는 사람은 알아들어라

그대는 밀인가 가라지인가

사랑의 기적

태초에 신앙은 하느님과 인간의 만남이 아닌
사람과 사람의 만남에서 비롯하였다네
고난과 시련의 순간
함께 하며 도움과 위로를 주고 받았지요

코로나 팬데믹이 갈라 놓으니
공동체의 소중함이 절실하네요
원하든 원하지 않든
서로서로 연결된 우리
착한 사마리아인 본받아
짠한 마음 갖는 것이
문제 해결 열쇠이지요

인간의 마음은 물과 같아서
흔들리면 볼 수 없고
고요하면 깊은 곳도 보이나니

하느님은 선한 의지 도구로 삼아
사랑의 기적을 이뤄내지요

우소가 말하였다.

말 한 마디를 잘하는 것이
천금을 가진 것보다 도움이 될 수 있고,
한 번 행동을 잘못하면
독사에게 물린 것보다 더 지독할 수 있다.

“

에센 바흐가 말하였다.

자신의 지혜에 대해
지나치게 확신하는 것은 현명하지 않다.
가장 강한 것도 약해질 수 있고,
가장 지혜로운 것도 틀릴 수 있음을 기억하라.

”